# Nino Nerede?

ALTIN KİTAPLAR

*Martin için...*

**Kitabın Orijinal Adı** HIDING HEIDI

**Yayın Hakları** ©2016 FIONA WOODCOCK
PUBLISHED BY ARRANGEMENT WITH
SIMON & SCHUSTER UK LTD 1ST FLOOR,
222 GRAY'S INN ROAD, LONDON,
WC1X 8HB
ALTIN KİTAPLAR YAYINEVİ VE TİCARET AŞ

**Baskı** ALTIN KİTAPLAR'DA
1. BASIM / TEMMUZ 2024 / İSTANBUL
Çin'de basılmıştır.



**ISBN 978 - 975 - 21 - 2966 - 5**

ALTIN KİTAPLAR YAYINEVİ
Gülbahar Mah. Altan Erbulak Sok. Maya Han Apt. No.: 14 Kat: 3
Şişli / İstanbul
Yayınevi Sertifika No.: 44011 • Tel: 0.212.446 38 86 pbx •
Faks: 0.212.446 38 90
http://www.altinkitaplar.com.tr • info@altinkitaplar.com.tr

# Nino Nerede?

*Fiona Woodcock*

Türkçesi
Melike Hendek

İşte Nino!

Şeyy yani, işte koltuk!

İşte koltuğun çiçek desenleri!

Minik ayaklar, siyah saçlar...Ve işte Nino!

Nino'nun özel bir yeteneği vardı.

Bu özel yeteneğin ne olduğunu hepiniz anlamışsınızdır.

Nino çok iyi saklanırdı.

Deniz kenarında arkadaşlarıyla
oynarken...

Sınıfta kara tahtanın
önünde...

Nerede olursa olsun
Nino bir şekilde
kendini gizlerdi.
Bu, engel olamadığı
bir şeydi.

Bu yüzden saklambaç Nino'nun en sevdiği oyundu. Nino'nun arkadaşları da saklanma konusunda hiç fena sayılmazlardı.

Ama hiç kimse Nino kadar iyi saklanamıyordu.
Nino saklanma konusunda çok yetenekliydi!

Bir gün Nino ve arkadaşları ne oynayacaklarına karar vermeye çalışıyorlardı.

"Zıplama yarışı!" dedi Tomi neşeyle.
"Hayır!" dedi Mimi. "Patenle kayma yarışı yapalım!"
"Hayır, hayır, ikinize de hayır!" dedi Lulu.
"Tırmanma yarışı yapalım!"

Her kafadan bir ses çıkıyordu.
Ne oynayacaklarına bir türlü karar
veremeyince...

... her zamanki gibi saklambaç oynadılar. Ve tabii ki yine her zamanki gibi Nino kazandı.

Ertesi gün Nino'nun doğum günüydü.

Doğum günü partisine bütün arkadaşları gelmişti. Hepsi neşe içinde dans ediyor, harika zaman geçiriyorlardı.

Müzik sona erdiğinde Nino'nun aklına bir fikir geldi. "Haydi saklambaç oynayalım!" dedi kikirdeyerek.

Arkadaşları Nino'yu her yerde aradılar.
Mimi ve Lulu etrafa göz gezdirirken...

... Tomi de hediyelerin arasına baktı.
Ama Nino hiçbir yerde yoktu.

Hepimizin bildiği gibi Nino çok iyi saklanırdı.

Tomi, Mimi ve Lulu Nino'yu bulamamışlardı ama nefis dondurmalar bulmuşlardı.

Arkadaşları nihayet Nino'yu bulduklarında parti bitmek üzereydi. Tomi, Lulu ve Mimi evlerine gidiyorlardı.

O gece Nino bir türlü uyuyamadı.
Kendi doğum günü partisini saklandığı
köşede, tek başına geçirmişti.
Düşündü, düşündü ve...

Bir değişiklik yapmaya karar verdi.

Ertesi gün Nino ve arkadaşları tekrar bir araya geldiler.
Ne oynayacaklarına karar vermeye çalışıyorlardı.

Tomi, “Haydi zıplama yarışı yapalım!” deyince...

... Nino hemen atıldı. “Evet, evet!
Zıplama yarışı harika bir fikir!”

Dört arkadaş zıplamaya başladılar.

Tomi zıplama konusunda gerçekten çok iyiydi.

Zıplama oyunundan sonra sıra paten yarışındaydı.
Ellerinde kurdeleler, neşeyle paten kaydılar.
Mimi de paten kayma konusunda çok yetenekliydi.

Paten yarışı da bitince tırmanmaya başladılar.
Lulu gerçekten çok hızlı tırmanıyordu.

Zıplama, paten kayma, tırmanma... Nino ve arkadaşları yorulmuşlardı, üstelik karınları da acıkmıştı. Birlikte piknik yaptılar, sonra da uzanıp gökyüzünü izlemeye koyuldular...

Nino, “Her zaman saklambaç oynamamız gerekmiyor, gördünüz mü?” deyince arkadaşları neşeyle gülümsedi.

Dört yakın arkadaşın oynayacağı kim bilir daha ne oyunlar, birlikte kuracakları ne hayaller vardı!